Weihnachtszelten
chen Italienischer
storte Provenzalisches Mandel
ter Hutzelbrot Allgäuer Apf
er Klaben Dresdner Christstol
ettone Liegnitzer Bomben M
Mandelbrot Schlesischer Mo
er Apfelstrudel Bozener Weihn
ststollen Föhrer Pöberkuchen
en Markgräfler Walnusstorte
Mohnstriezel Stuttgarter H
Weihnachtszelten Bremer Kla

...lgäuer Apfelstrudel Bozener

...ner Christstollen Föhrer Pöber...

Bomben Markgräfler Walnu...

...esischer Mohnstriezel Stutt...

Bozener Weihnachtszelten Br...

...r Pöberkuchen Italienischer Po...

...r Walnusstorte Provenzalische...

Stuttgarter Hutzelbrot Allgä...

...n Bremer Klaben Dresdner...

...her Panettone Liegnitzer Bom...

...sches Mandelbrot Schlesisch...

...llgäuer Apfelstrudel Bozener

Stollen & Co.

• • • • •

Burghard Bartos

arsEdition

1. Auflage 2002

Copyright © 2002 arsEdition, München

Alle Rechte vorbehalten

Gestaltung und Fotografie:

Greenstuff, Iris & Jochen Grün, München

Requisite: Ulla Krause

Redaktion: Isabelle Fuchs

Textlektorat: Bettina Gratzki, Ricarda Nolte

ISBN 3-7607-1984-8

www.arsedition.de

Inhalt

Allgäuer Apfelstrudel

Wer Allgäu sagt, muss sich nicht festlegen, ob er nun Bayern meint oder Baden-Württemberg oder Österreich: Allgäu ist immer richtig und lässt an sanfte Hänge, hübsche Dörfer und malerische Almen denken. Doch trotz aller Urtümlichkeit: Das Allgäu ist eine Kulturlandschaft. Im 16. Jahrhundert ließ das Stift Kempten die Gegend »vereinöden«. Aus Bergwald und Gestrüpp entstanden bis ins 19. Jahrhundert hinein Almen, auf denen das Vieh bis heute grast und die die Stadt Kempten zur Butter- und Käsebörse für ganz Süddeutschland machten. Echter Bergkäse ist berühmt, denn Bergkräuter machen die Milch würziger als Einheitsmehl aus dem Futtersilo.

Wer solche Butter hat und solche Milch, braucht keine umständlichen Rezepte. Da schmeckt der Kuchen fast schon von allein. Und darum muss

auch für einen mürben Allgäuer Apfelstrudel kein Strudelteig quadratmetergroß ausgezogen werden wie vielleicht für die feinen Leute in Wien. Aber einen guten Apfel braucht es: duftend und säuerlich, von einem Baum, der keinen Kunstdünger kennt und auf einer Wiese steht, die Sonne hat und Frost im Winter. Mehr als tausend Apfelsorten gab es im Mittelalter allein bei uns, erzählen die Pomologen, die Apfelkundler. Manche hießen Roter Weihnachtshimbeerapfel oder Böhmischer Rosenapfel, Schöner von Boskoop oder schlicht Adamsapfel. Im Supermarkt gibts heute nur noch drei Sorten: entweder rot oder gelb oder grün. Duft und Geschmack? Nein, Durchmesser und Handelsklasse heißt das jetzt.

Ob das nicht auch einer der Gründe ist, warum die Kinder sich am Nikolaustag so über ihre Äpfel gefreut haben? Oder über die Birnen, die der Heilige ihnen nachts in die Stiefel legte? Ja, früher ...

Zutaten:

300 g Mehl

½ Päckchen Backpulver

200 g Butter

150 g Zucker

1 Ei

1 Eigelb

1 Prise Salz

300 g Äpfel

100 g Rosinen

100 g Mandelblätter

1 Tl Zimt, gemahlen

1 Eiklar

Zum Bestreuen:

Puderzucker

Allgäuer Apfelstrudel

ANLEITUNG: Das Mehl mit dem Backpulver mischen, mit Butter, der Hälfte des Zuckers, Ei, Eigelb und Salz zu einem mürben Teig zusammenkneten. Etwas ruhen lassen. Die Äpfel schälen, entkernen und blättrig schneiden. Rosinen, Mandeln, Zimt und restlichen Zucker mit den Äpfeln mischen. Ein Backblech mit Backpapier auslegen und den Teig darauf dünn zu einem länglichen Rechteck ausrollen. Füllung auf die Teigmitte legen und die beiden Längsseiten darüber schlagen. Enden gut zusammendrücken und alles mit Eiklar bestreichen. Im vorgeheizten Ofen 70 Minuten backen, herausnehmen und mit Puderzucker bestreuen.

ELEKTROHERD: 160 °C
GASHERD: STUFE 1–2

TIPP:

Der Strudel bäckt sich auch sehr schön in einer hübschen Auflaufform, aus der er dann herausgelöffelt wird.

Bozener Weihnachtszelten

Die Reise geht südwärts. Hinter Mittenwald ist die deutsch-österreichische Grenze erreicht, dann Innsbruck und damit das Land Tirol. Und mit dem Schild »Achtung – Landesgrenze« weht der erste Hauch des Südens heran. Der Pass, auf dem wir fahren, heißt auf einmal nicht nur Brenner, sondern auch Brennero, die erste Stadt nicht nur Sterzing, sondern auch Vipiteno. Das sind die Realitäten nach einem verlorenen Krieg, als Tirol geteilt wurde. Bis dahin österreichisches Kronland, gehört der südliche Teil von Tirol seit 1919 zu Italien. Der Weihnachtszelten aber wird immer noch so gebacken wie früher, in jeder bürgerlichen Familie, in jedem Bauernhaus. Und besonders die Bäuerinnen haben ihre eigenen Zeltenrezepte, die sie auch auf Bitten nicht herausgeben. Der beste Zelten, wie könnte es anders sein, wird in Bozen gebacken, der Landeshauptstadt. An ihrer Peripherie ist Industrie angesiedelt. In der Altstadt aber sind die Häuser der wohlhabenden Kaufleute zu bewundern, durch deren Hände der

Handel aus der Levante nordwärts ging, und die Gasthäuser, in denen die Händler ihr Quartier nahmen. Dieses geschäftige Leben ist besonders unter den Laubengängen links und rechts der engen Straßen zu spüren. Aus niedrigen Läden und Gewölben duftet es nach Wein, Speck und frisch gebackenem Brot. Selbst mit geschlossenen Augen weiß jeder: Das ist Südtirol.

Jetzt vor Weihnachten haben sich nicht nur die Läden unter den Lauben auf die Weihnachtsbäckerei einge-richtet, auch die Händler auf dem täglich abgehalte-nen Markt. Säckeweise stehen dort Mandeln und Nüsse, Körbe voller Rosinen und Sultaninen, Berge von Feigen, Datteln und Zitronat, von Orangeat und Pinienkernen. Und das eben sind die Zutaten, die für einen richtigen Weihnachtszelten nötig sind.

Zutaten:

je 500 g Rosinen und getrocknete Feigen

je 200 g getrocknete Datteln und Birnen

je 100 g Orangeat und Zitronat

250 g Walnüsse oder Mandeln

150 g Pinienkerne

Saft und Schale von 1 Orange und 1 Zitrone

1 Tl Zimt

½ Tl Nelkenpulver

⅛ l Rum

250 g Roggensauerteig (Backmischung)

Zum Bestreichen:

Honig- oder Zuckerwasser

Zum Verzieren:

Mandeln und kandierte Früchte

Bozener Weihnachtszelten

ANLEITUNG: *Alle Früchte und Nüsse fein schneiden und in einer Schüssel mit der abgeriebenen Schale und dem Saft von Orange und Zitrone, den Gewürzen und dem Rum mischen. Über Nacht zugedeckt ziehen lassen. Am Morgen alles mit dem Brotteig gut verkneten und flache Laibe formen. Die Zelten auf ein gefettetes Backblech setzen, mit Honig- oder Zuckerwasser bestreichen und im vorgeheizten Backofen eine Stunde backen. Dabei mehrmals mit Zucker- oder Honigwasser bepinseln. Nach dem Backen die Zelten* schnell vom Blech lösen, mit kandierten Früchten und Mandeln verzieren und in Alufolie einwickeln.

ELEKTRO-
HERD:
220 °C
GASHERD:
STUFE 4

Bozener Zelten sollen zeitig gebacken werden, sie schmecken umso besser, je länger sie lagern:
»Heiliger Sebastian (20. Januar), schneid den letzten Zelten an.«

Bremer Klaben

Winterzeit, das ist die Zeit, in der es in Bremen heißt: »Een beetn good un een beetn veel.« Und damit meinen die Bremer vor allem das Essen und das Trinken. Grünkohl also, in Bremen Braunkohl genannt, der mit enormen Mengen Schweineschmalz und Grützwurst zu »stausamen« Mahlzeiten gekocht wird, sobald der erste Frost dem Grünkohl den rechten Geschmack gegeben hat. Klaren Schnaps und Bier trinkt man dazu und wohl auch den in Bremen hoch angesehenen Rotwein. Solchen »Kohl und Pinkel« kann man im weit gerühmten Bremer Ratskeller essen, vor dem der steinerne Roland seit 1404 über die Freiheit der Bürger Wacht hält.

Man kann aber auch, und das ist in Bremen weitaus beliebter, am Wochenende zu einer Kohl-und-Pinkel-Tour in die umliegenden Ortschaften zu vertrauenswürdigen Gastwirten aufbrechen und dort diese wuchtige Mahlzeit in geselliger Runde zu sich nehmen, was nicht selten zu einem Wettessen ausartet.

Klaben

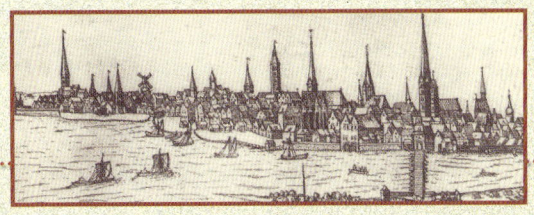

Da gehört der Klaben schon zu den leichteren Genüssen, wenn nicht (was jedoch meistens geschieht) Scheibe für Scheibe von diesem Hefestollen dick mit Butter bestrichen wird. Nun könnte man Klaben das ganze Jahr über backen, aber er schmeckt eben nur dann so richtig, wenn im Winter der Nordwind von See her an den Türen rüttelt und das Licht schon angezündet ist. Da sitzt man um den Tisch behaglich beisammen mit einer dick gebutterten Scheibe Bremer Klaben und einer Kanne Tee, in der ein guter Schuss Rum durchaus nicht fehl am Platz ist.

Und so gibt es nicht wenige, die den Klaben um die Weihnachtszeit gleich dreimal backen. Den ersten im Advent, um Nikolaus etwa, den zweiten zu Weihnachten und den dritten zu Dreikönig.

Zutaten:

1 Würfel Hefe

1 Tl Zucker

¹/₅ l lauwarme Milch

500 g Mehl

100 g Zucker

125 g zerlassene,
abgekühlte Butter

2 Eier

1 Prise Salz

50 g Mandeln,
grob gehackt

50 g Zitronat,
fein geschnitten

je ½ Tl Zimt
und Kardamom

200 g Rosinen

Zum Bestreuen:

Puderzucker

Bremer Klaben

ANLEITUNG: *Hefe und einen Teelöffel Zucker in etwas warmer Milch auflösen. Das Mehl in eine Schüssel sieben, eine Mulde hineindrücken und die angerührte Hefe hineingeben. Mit etwas Mehl zu einem Vorteig verrühren und warm stellen. Ist der Vorteig nach einer Viertelstunde gegangen, Zucker, die restliche Milch, Butter, Eier, Salz, Mandeln, Zitronat, Zimt und Kardamom dazugeben und den Teig schlagen, bis er Blasen wirft. So lange gehen lassen, bis er sich sichtlich vergrößert hat. Dann die Rosinen unterkneten und den Teig in eine gefettete Kastenform geben und nochmals eine gute halbe Stunde gehen lassen. Im vorgeheizten Ofen etwa 45 Minuten backen, danach mit Puderzucker bestreuen.*

ELEKTROHERD: 200 °C
GASHERD: STUFE 3

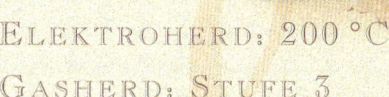

Dresdner Christstollen

Der Stollen ist ein Gebildbrot. Der übereinander geschlagene Teig symbolisiert die Krippe, in die das Christuskind in Bethlehem gelegt wurde. Das mag den wenigsten bewusst sein, die einen Dresdner Stollen zu Weihnachten anschneiden.

Dresden war die Residenz von August dem Starken, dem sächsischen Kurfürsten, der bereit war, Katholik zu werden, um König von Polen sein zu können. Dieser Verschwender hat seine Residenz zu einer der schönsten Städte Europas gemacht: mit Palästen entlang dem Ufer der Elbe, mit dem Zwinger, dem Kronentor, mit Kirchen und Kunstsammlungen. Zudem gelang in seinem Auftrag die Herstellung des Porzellans – das mit den blauen Schwertern.

Ja, das Leben verfeinerte sich in Dresden und eines Tages hatten die Dresdner Bäcker aus dem einfachen Rosinenbrot das Rezept zum festlichen Weihnachtsgebäck gefunden, das Stollenrezept. Um das Beste wetteiferten die Bäcker jedes Jahr. Es muss ein unbe-

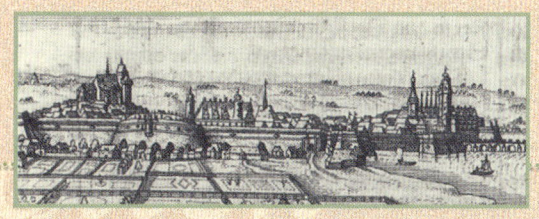

schreiblicher Duft gewesen sein, der zur Weihnachtszeit über der Stadt gelegen hat. Damals wollte der Bäckermeister Zacharias seinem Landesherrn ein standesgemäßes Geschenk machen, den größten Stollen der Welt. Er ließ also einen riesigen Backofen aufmauern, stellte Leute zum Mandelreiben, Rosinenwaschen und Teigkneten an. Und schließlich waren Pferde nötig, um den Riesenstollen vor das königliche Schloss zu fahren. Doch es gab kein Messer, das groß genug war, den Stollen anzuschneiden. Da zog August der Starke, dieses Kraftgenie, seinen Säbel und hieb sich ein Stück davon herunter.

Der Stollen ist ein fettreiches und schweres Gebäck, von dem man nicht viel auf einmal essen kann. Dafür behält es seinen Wohlgeschmack bis Ostern und erreicht womöglich gerade dann den Gipfel des Genusses.

Zutaten:

je **200** g **Rosinen**
und **Korinthen**

je **100** g **Zitronat**
und **Orangeat**,
fein geschnitten

200 g **Mandeln**,
grob gehackt

6 El **Rum**

750 g **Mehl**

2 Würfel **Hefe**

1 Tl **Zucker**

¼ l **Milch**

300 g **Butter**,
zimmerwarm

100 g **Zucker**

2 El **Vanille-**
zucker

etwas **Salz**

Zum Bestreichen:

100 g **Butter**

100 g **Puderzucker**

18

Dresdner Christstollen

ANLEITUNG: *Rosinen, Korinthen, Zitronat, Orangeat und Mandeln in einer Schüssel mit dem Rum mischen und ziehen lassen. Mehl in eine Schüssel sieben, eine Mulde eindrücken, darin die Hefe mit einem Teelöffel Zucker in etwas warmer Milch auflösen und mit etwas Mehl zum Vorteig rühren. Etwa 30 Minuten gehen lassen. Jetzt die übrige Milch, Butter, Zucker, Vanillezucker und Salz dazugeben und den Teig schlagen, bis er Blasen wirft. Gehen lassen. Dann die in Rum getränkten Mandeln und Früchte unterkneten und wieder gehen lassen.*

Den Teig zu einem Rechteck ausrollen und längs zur typischen Stollenform übereinander schlagen. 30 Minuten gehen lassen. Auf einem gefetteten Backblech im vorgeheizten Ofen etwa 60 Minuten backen. Den Stollen aus dem Ofen nehmen, mit Butter bestreichen und mit Puderzucker bestreuen.

ELEKTROHERD: 200 °C
GASHERD: STUFE 3

Föhrer Pöberkuchen

Viel weiter nördlich hinauf geht es nicht in Deutschland. Die Wintertage sind kürzer als im Süden, der Wind bläst mehr oder weniger heftig, aber meist von der Nordsee her über die Insel. Mit dem Christentum hatten die Friesen so ihre Schwierigkeiten. Wenn sie ihre Bräuche pflegten, waren es oft heidnische Bräuche, wenn sie Kirchen bauten, waren es Seemannskirchen. Ihnen war es egal, ob Wotan half oder der Christengott, wenn nur die See nicht an Land stieg, Häuser und Menschen fortriss und die Felder verwüstete.

Am 21. Dezember ist nicht nur der christliche Thomastag, es ist auch der Tag der Wintersonnenwende. Zwölf Nächte lang fuhr Wotan jetzt als Wilder Jäger über die Erde, zwölf Tage und zwölf Nächte lang hatten alle Räder stillzustehen. Und wehe dem, der sich daran nicht hielt! Bei dem wurde

in der Dunkelheit »gethamst«, gepoltert und geschrien, dass ihm Hören und Sehen verging. Und jedes Rad, das sich finden ließ, wurde vor ihm versteckt. Drei Tage später ist Weihnachten. Jul hatte das Fest früher geheißen und ein Jul-Schwein wurde damals geopfert. Später kam zu den Föhrer Kindern das Christkind. Kenken nannten sie es, also Kindchen. Es füllte den Kindern den Teller mit guten Sachen, wozu es aus dem Fenster eine der kleinen runden Scheiben herausnahm, um hindurchzulangen.

Vor etwa 150 Jahren wurden auf Föhr auch weihnachtliche Holzgestelle heimisch: wie flache Bäume sahen sie aus, mit Buchs und Efeu geschmückt und mit kleinen Haken an den Querstreben, um Äpfel und kleine Geschenke für die Kinder dranzuhängen – der Christbaum hatte die Insel erreicht. Am Weihnachtsabend saß die Familie zusammen um den Tisch, auf dem – fast wie in heidnischen Zeiten – ein Schweinskopf mit Grünkohl prangte. Kenken, das Christkind, würde wohl nichts dagegen haben.

Zutaten:

200 g Butter oder besser Schmalz

300 g dunkler Rübensirup

1 Prise Salz

2 Eier

1 Tl Zimt

1 Tl Nelkenpulver

½ Tl Kardamom

500 g Mehl

125 g Zucker

1 Tl Hirschhornsalz

1 El Milch

Föhrer Pöberkuchen

Pöberkuchen

ANLEITUNG: *Butter, Sirup und Salz in einem Topf heiß werden lassen und gut verrühren. Ist die Mischung abgekühlt, kommen Eier, Gewürze, Mehl, Zucker und das in Milch aufgelöste Hirschhornsalz dazu. Alles zu einem Teig verkneten und über Nacht kühl stellen. Am anderen Tag 4 cm dicke Rollen daraus formen, fingerdicke Scheiben abschneiden und auf ein gefettetes Blech legen. Im vorgeheizten Backofen etwa 20 Minuten backen.*

ELEKTROHERD: 180 °C
GASHERD: STUFE 2

berkuchen

Italienischer Panettone

»C'Era una Volta« heißt mein Lieblingsitaliener – »Es war einmal«. Und tatsächlich ist es wie im Märchen, wenn Luigi und Franco im November ihr Weihnachtsbrot ins Geschäft bringen. Mauern von roten Pappschachteln stellen sie auf, Türme von grünen, Wälle von silbernen und goldenen. Wer aber erst im Dezember kommt, der hört nur: »Scusi, Signore, ausverkauft!«

Italienisches Weihnachtsbrot hat die deutschen Weihnachsstuben im Sturm erobert. Bunt schillernd im Licht der Kerzen und mit den dicksten Schleifen drumherum sind diese Kuchen einfach unwiderstehlich, ob nun mit Schokoladen-, Kaffee- oder Karamellgeschmack.

Wie immer bei unseren südlichen Nachbarn wird alles etwas leichter genommen. Auch Weihnachten, der Tag,

an dem Jesus, das Licht der Welt, geboren wurde. Aber das wusste die alte Befana noch nicht, als sie in ihrer Hütte am Herd stand und drei Reisende hereinkamen. Müde waren sie, hatten Hunger und Durst. Auf dem Weg zu einem Kind seien sie und wollten nur etwas ausruhen. Aber die alte Befana erwartete Besuch, hatte keine Zeit für die Wanderer und setzte die drei kurzerhand vor die Tür.

Doch in der Nacht konnte sie nicht schlafen. Am nächsten Morgen musste sie die Fremden suchen gehen, ob sie nun wollte oder nicht. Die Alte zog von Tür zu Tür, rannte von Dorf zu Dorf. Und in jedem Haus, in dem sie Kinder fand, ließ sie etwas zu essen da. So zieht die alte Befana noch heute zur Weihnachtszeit auf der Suche nach den Heiligen Drei Königen durch Italien und bringt den Kindern Geschenke.
Sicherlich ist Panettone dabei, das Weihnachtsbrot, denn wie so oft sind die einfachen Geschenke auch die besten.

Zutaten:

1 ½ Würfel Hefe

100 g Zucker

250 ml lauwarme Milch

500 g Mehl

1 Prise Salz

1 Ei

3 Eigelb

125 g Butter, zimmerwarm

80 g Rosinen

je 40 g Orangeat und Zitronat

Pergamentpapier von der Rolle

3 El Butter zum Bestreichen

Italienischer Panettone

ANLEITUNG: *Hefe und Zucker in der Milch auflösen. Mehl mit Salz, Eiern, Butter, Rosinen, Orangeat und Zitronat mischen. Mit der Hefe-Milch zu einem weichen Teig kneten und eine Stunde gehen lassen. Eine Soufflèform von 16 cm Ø ausbuttern, einen langen Bogen Pergamentpapier außen um die Form legen und mit Küchengarn festbinden. 5 cm über dem Rand der Form das Papier abschneiden. Das Papier soll verhindern, dass der Hefeteig beim Backen über den Rand der Form quillt. Teig nochmals durchkneten, zu einer Kugel formen und in die Form legen. Oben in die Kugel ein Kreuz ritzen und eine Stunde gehen lassen, dann mit Butter bepinseln. Im vorgeheizten Ofen 40 bis 50 Minuten backen.*

ELEKTROHERD:
190 °C

GASHERD:
STUFE 3–4

TIPP: *Das Brot ist gar, wenn ein Holzstäbchen, das am Ende der Backzeit in den Laib gestochen wird, sauber bleibt.*

27

Liegnitzer Bomben

Um es vorweg zu sagen: Sie sind absolut ungefährlich und werden nicht einmal zur Silvesterknallerei gebraucht. Liegnitzer Bomben sind ein schlesisches Weihnachtsgebäck, das schon seit vielen Jahren in alle Welt verschickt wird. Im Jahre 1853 wurden diese pazifistischen Bomben in der Bäckerei der Gebrüder Müller in Liegnitz für den Weihnachtsmarkt gebacken, zu dem sich Menschen aus der ganzen Umgebung einfanden, um Weihnachtsgeschenke zu kaufen und Stadtluft zu schnuppern.

Liegnitz hat eine besondere Bedeutung für das Christentum in Europa und damit für das Weihnachtsfest. Sie ist jene Stadt, in der Heinrich der Fromme, der Piastenherzog, sein Heer sammelte, um die mongolischen Reiter aufzuhalten, die aus der asiatischen Steppe kamen, um ganz Europa ihrem Weltreich einzuverleiben. Und als selbst das mächtige Russland ihnen nicht widerstand, stellte Herzog Heinrich ihnen sein Heer von

Deutschen und Polen, von Rittern, Bergknappen und Bauern entgegen. So standen zehntausend Christen dreißigtausend mongolischen Reitern gegenüber.

Es hört sich an wie eine Fügung: Kaum hatten die Mongolen das christliche Heer zusammengehauen, kehrten sie um und ritten in ihre Heimat zurück. Hedwig, die Mutter des Herzogs und allen Schlesiern als heilige Hedwig bekannt, suchte nach der Schlacht ihren Sohn auf dem blutgetränkten Feld. Sie erkannte ihn an seinem Fuß mit den sechs Zehen, seinen Kopf hatten die Mongolen mitgenommen.

Es muss an der kugeligen Form liegen, warum die Bäckerbrüder Müller ihre Kreation ausgerechnet »Bombe« nannten. Das Kirschwasser kann es jedenfalls nicht sein, sein Alkohol verdunstet im Backrohr und nur der feine Kirschduft bleibt für den weihnachtlichen Kaffeetisch zurück.

Bomben

Zutaten:

Für den Lebkuchenteig:

250 g Honig

100 g Butter

100 Zucker

1 Ei

Zitronenschale

2 El Kakaopulver

½ Tl Hirschhornsalz

je ½ Tl Ingwer, Kardamom, Koriander, Nelken, Piment, alles gemahlen

je 1 Tl Pottasche und Zimt, gemahlen

etwas Muskatnuss, gemahlen

1 El Wasser

350 g Mehl

extra starke Alufolie für die Förmchen

Für die Füllung:

100 g Marzipanrohmasse

125 ml Kirschwasser

125 g Rosinen

100 g Mandeln, gehackt

100 g Haselnüsse, gehackt

4 El Aprikosenkonfitüre

Liegnitzer Bomben

Bomben

ANLEITUNG: *Aus Alufolie 16 Quadrate von 15 cm Kantenlänge schneiden. Alufolie auf einer Seite mit Butter bestreichen und mit der gefetteten Seite über ein umgedrehtes Glas oder einen Joghurtbecher (5 cm Ø) stülpen und andrücken. Vorsichtig abnehmen und fertig ist die Backform. Honig, Butter und Zucker im Topf erwärmen, bis sich alles gelöst hat. Abkühlen lassen, die restlichen Zutaten nach und nach unterrühren und zu einem Teig kneten. Einen Tag ruhen lassen. Die Zutaten für die Füllung mischen. Teig durchkneten und die Förmchen zu einem Drittel damit füllen.*

Etwas Füllung draufstreichen und den restlichen Teig darüber verteilen, sodass die Förmchen zu zwei Drittel gefüllt sind. Im vorgeheizten Ofen 35 bis 40 Minuten backen.

ELEKTROHERD: 180 °C
GASHERD: STUFE 2

TIPP: *Erhitzen Sie unter Rühren 250 g Aprikosenkonfitüre mit 3 El Wasser und bestreichen Sie damit die Liegnitzer Bomben nach dem Backen.*
Schmelzen Sie 400 g Vollmilch- oder Zartbitterkuvertüre im Wasserbad und überziehen Sie die kleinen Kuchen anschließend mit dem Schokoguss.

Bomben

Markgräfler Walnusstorte

Wenn Baden schon die Schatzkammer Deutschlands genannt wird, dann ist das Markgräflerland das Paradies. Üppige Obstgärten wechseln mit weiten Rebenhängen ab und lichte Laubwälder stoßen an die dunklen Tannen des Schwarzwalds. Kaum mehr als 50 Kilometer sind es von Freiburg bis zum Rheinknie bei Basel, der südlichen Grenze des Markgräflerlands.

In Badenweilers heißen Quellen kurierten sich Römer und beim Spiel verschuldeten sich russische Schriftsteller. Im bildhübschen Staufen am Ausgang des Münstertals wurde der berühmte Dr. Faustus vom Teufel geholt, wegen seiner schwarzen Künste. Heutzutage wetteifern mehrere Obstbrennereien mit ihren Düften nach Kirsch, Himbeer oder Nuß um die Gunst der Käufer. Wo so viel Obst und Wein wächst, da sind Edelkastanien und Walnüsse nicht weit. Hier geht es aber weniger um die Brennereien, die daraus den vorzüg-

lichen Nusseler destillieren. Backen lässt es sich damit ebenso vorzüglich. Jung und Alt klauben sie im Herbst unter den mächtigen Walnussbäumen am Waldrand hervor – mit Fingern, die schon ganz braun von den Schalen geworden sind. Das bittere, hellbraune Häutchen muss unbedingt herunter von den frischen Nüssen, dann schmecken sie herrlich zu Brot und Wein.

Ein paar Wochen später, im Advent, wenn abends alle um den großen Tisch sitzen und Nüsse knacken, dann ist sie trocken, die feine Haut und schmeckt nicht mehr bitter. Jetzt ist es Zeit, Nusstorte zu backen und vor allem zu essen.

Auch wenn der Hausherr schon beim zweiten Stück sagt: »Na, i bin scho dermaßen satt, ab jetzt nur in flüssiger Form.«

Zutaten:

250 g Butter

350 g Mehl

100 g Zucker

1 Prise Salz

1 Ei

200 g Zucker

**300 g Walnüsse,
grob gehackt**

100 ml süsse Sahne

3 El Honig

Zum Bestreichen:

1 Eigelb und 2 El Sahne

Markgräfler Walnusstorte

ANLEITUNG: *Butter, Mehl, Zucker, Salz und Ei schnell zu einem Teig verkneten, zur Kugel formen, in Folie wickeln und kühl stellen. Für die Füllung den Zucker zu blondem Karamell schmelzen, die Nüsse einrühren und mitrösten. Mit der Sahne ablöschen, Honig einrühren und abkühlen lassen. Eine Springform von 26 cm Ø fetten, mit Mehl ausstreuen und mit zwei Drittel des Teigs auskleiden. Die Nussmasse einfüllen. Den restlichen Teig kreisrund ausrollen, die Form damit abdecken und an den Rändern gut andrücken.*

Aus eventuellen Teigresten kleine Sterne ausstechen und gleichmäßig verteilt auf die Torte legen. Zuletzt das Ganze mit Eisahne bestreichen. Etwa 40 Minuten im vorgeheizten Ofen backen.
ELEKTROHERD: 200 °C
GASHERD: STUFE 3

Provenzalisches Mandelbrot

Keine Nuss wird öfter angebaut als die Mandel. Und wer das Wort Mandel hört, der denkt an ein rosarotes, mediterranes Blütenmeer – oder an Weihnachtsbäckerei. Mandeln stehen schon in der Bibel, die alten Römer aßen sie bei Gelagen um Trunkenheit vorzubeugen. Und die Kinder essen sie als Marzipan. Obendrein sind Mandeln ein Schönheitsmittel, allerdings nur äußerlich angewendet. Die Krachmandeln mit der dicken Schale lassen sich nur schwer öffnen, am besten geht es mit einem Hammer.

Besonders aromatische Mandeln wachsen in der Provence, die bei uns eher für ihren Lavendel berühmt ist. Zur Weihnachtszeit aber duften die Häuser dort fein nach Mandelbrot, für diejenigen wenigstens, deren Nasen durch moderne Aromastoffe noch nicht betäubt wurden.

Mandelbrote sind kunterbunt geschmückt, genau wie die Santons, die provenzalischen Krippenfiguren. Eine Krippe für die armen Leute sollten sie anfangs sein, aus preiswertem Ton gegossen, bunt bemalt und manchmal mit Kleidern angezogen wie kleine Puppen. Die berühmtesten stehen seit 200 Jahren in Aix en Provence. Die Heilige Familie gibt zwar den Ton an, aber vor allem ist die einfache Landbevölkerung abgebildet: Hirten mit ihren Schafen, Reisigträger, Müller mit Mehlsack (der Inhalt ist sicherlich für die Weihnachtsbäckerei bestimmt), eine Großmutter, die warme Wollstrümpfe strickt, und Bäuerinnen, die Körbe voller Obst und Brot und einen Hocken Wolle als Geschenke bringen.

*S*anton heißt so viel wie »Kleiner Heiliger«. Klein mussten die Santons früher sein, damit sie nicht zu teuer wurden. Heute werden sie für die Touristen immer größer gemacht, aber die allerkleinsten (»la puce« bzw. »flohgroß«) sind die niedlichsten von allen. Wohl auch deshalb, weil sie kaum größer sind als die berühmten provenzalischen Mandeln.

Provenzalisches

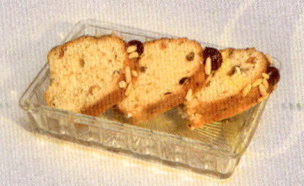

Zutaten:

500 g Mehl
2 Würfel Hefe
125 g Zucker
3 El Milch
1 Prise Salz
3 Eier
125 g Butter, zimmerwarm
50 g Rosinen
50 g gedörrte Feigen
150 g gehackte Mandeln

Zum Bestreichen:

1 Ei
40 g Hagelzucker

Zum Verzieren:

200 g kandierte Früchte
2 El Pinienkerne
1 Eiweiss

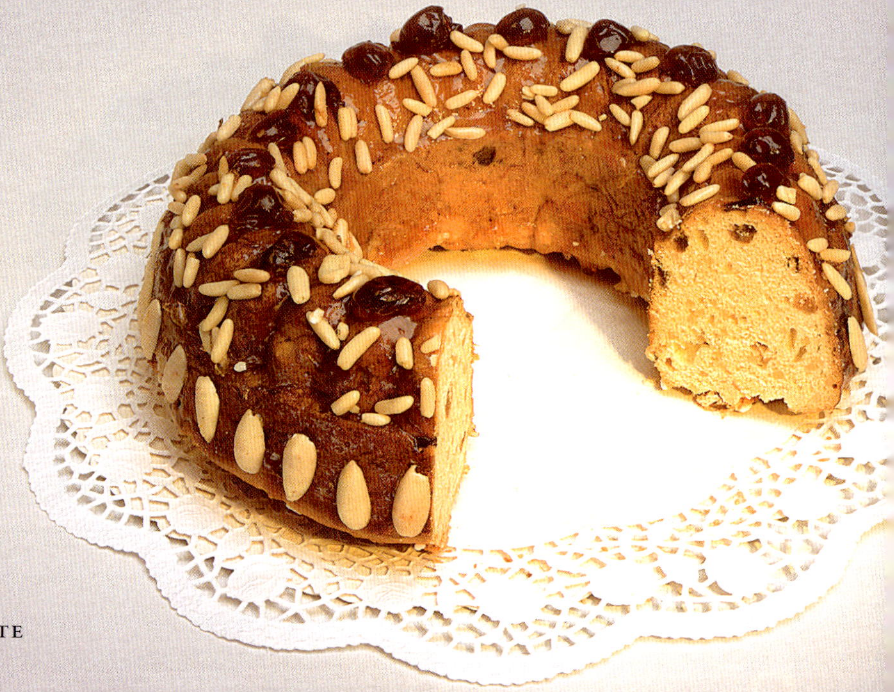

Mandelbrot

ANLEITUNG: *Mehl in eine Schüssel sieben und eine Mulde formen. Hefe und 1 El Zucker in der lauwarmen Milch auflösen, in die Mulde gießen und mit etwas Mehl verrühren. Zugedeckt an einem warmen Ort gehen lassen, bis sich der Vorteig verdoppelt hat. Restlichen Zucker, Salz, Eier und Butter zu dem Vorteig geben und zu einem glatten Teig rühren und schlagen, bis er Blasen wirft. Rosinen heiß waschen, Feigen hacken und mit den Mandeln dazukneten. Teig zur Kugel formen und gehen lassen, bis er sich verdoppelt hat. Eine Kranzform von 25 cm Ø einfetten. Dann den Teig nochmals kneten, zu einer 50 cm langen Wurst formen und in die Form legen. Wieder gehen lassen. Den Teig mit dem verquirlten Ei bestreichen und mit Hagelzucker bestreuen. Im vorgeheizten Ofen 40 bis 50 Minuten backen, bis das Brot goldbraun ist. Aus dem Ofen nehmen und etwas abkühlen lassen. Früchte und Pinienkerne mit dem Eiweiß auf den heißen Kuchen kleben.*

ELEKTROHERD: 180 °C
GASHERD: STUFE 2

Schlesischer Mohnstriezel

Schlesischer

Weihnachten, Schlesien und Mohn: Diese drei gehören einfach zusammen. Obwohl in Schlesien früher felderweise Mohn angebaut wurde, war der Bedarf zur Weihnachtszeit so groß, dass die eigenen Vorräte nicht ausreichten. Dass Mohn aus dem Orient kommt, wusste in Schlesien jedes Kind. Dass der Mohn für den Striezel aber nicht aus Schlafmohn gewonnen wird, war weniger bekannt, sonst hätte sich die Redensart »Moh' macht tumm« nicht durchsetzen können.

Zum Glück, denn ein Teelöffel Mohnsamen, in ein Tuch gebunden und unruhigen Kindern als »Nuppelfrupper« in den Mund gesteckt, war beliebt und unschädlich zugleich.

Der Samen vom blauen Mohn war zur Adventszeit in allen Läden sackweise zu finden, nicht weit von der Mohnmühle entfernt. Denn er muss gekocht oder gequetscht werden, damit er sein ganzes Aroma entfaltet: für die Mohnklöße am Heiligen Abend und vor allem für die Mohnstriezel.

Schlesischer

Wer zur Winterzeit nach Schlesien kam, der wollte ins Riesengebirge. Mit dem Zug kam er in Hirschberg an, fuhr weiter mit der Straßenbahn bis Himmelreich, suchte an der Endstation auf der hinteren Plattform seine Skier hervor und jagte wie der alte Berggeist Rübezahl die Hänge unterhalb der Schneekoppe und dem Reifträger hinunter. Wenn er dann so richtig durchgefroren und »erschossen« in einer der vielen Bauden ankam, wie die Gasthäuser auf dem Rundwanderweg hoch oben im Riesengebirge hießen, dann bestellte er Kaffee mit Mohnstriezel.

Für diejenigen, die das letzte Tageslicht verpasst hatten und oben übernachten mussten, holte der Baudenwirt seine Zither heraus und machte Musik. Manche Gäste behaupten steif und fest, das müsse Rübezahl höchstpersönlich gewesen sein, der sich heimlich unter die lustigen Leute gesetzt und die Zither traktiert hatte wie der Leibhaftige. Der Glühwein? Neenee, der war nie und nimmer schuld!

ZUTATEN:

FÜR DIE FÜLLUNG:

250 G MOHN, GEMAHLEN

250 ML MILCH

200 G ZUCKER

50 G KORINTHEN

50 G ROSINEN

50 G MANDELN, GEMAHLEN

FÜR DEN TEIG:

500 G MEHL

1 WÜRFEL HEFE

250 ML MILCH

100 G BUTTER

60 G ZUCKER

1 PRISE SALZ

50 G BUTTER ZUM BESTREICHEN

FÜR DIE GLASUR:

150 G PUDERZUCKER

2 EL WASSER

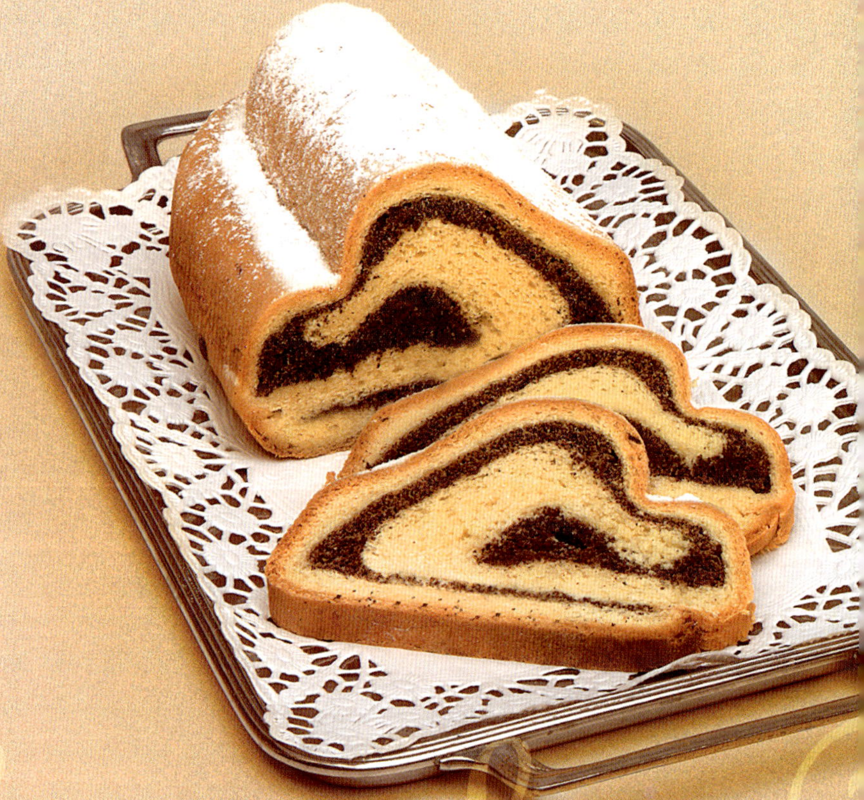

Schlesischer Mohnstriezel

ANLEITUNG: Den gemahlenen Mohn mit kochender Milch übergießen und Zucker einrühren. Korinthen, Rosinen und Mandeln dazugeben und die Füllung beiseite stellen. Für den Teig das Mehl in eine Schüssel sieben, in die Mitte eine Mulde drücken. Hefe in 3 Esslöffel lauwarmer Milch mit 1 Tl Zucker auflösen, in die Mulde gießen und mit etwas Mehl verrühren. An einem warmen Ort zugedeckt gehen lassen, bis der Vorteig deutlich Blasen wirft. Restliche Milch, lauwarme Butter mit Zucker und Salz dazugeben und alles zu einem Teig kneten, bis er Blasen wirft. Teig gehen lassen, bis er deutlich größer ist. Dann zu einem Rechteck ausrollen und mit der Mohnfüllung bestreichen, dabei einen Rand freilassen. Teig zusammenrollen, mit der Butter bestreichen und auf einem gefetteten Blech nochmal gehen lassen. Anschließend im vorgeheizten Ofen 35 bis 40 Minuten backen. Aus Puderzucker und Wasser eine Glasur rühren und den heißen Striezel damit bestreichen.

ELEKTROHERD: 175 °C
GASHERD: STUFE 2

Stuttgarter Hutzelbrot

Es gibt nicht viele alte Backrezepte, von denen wir sagen können, wer sie als Erster erprobt hat. Eine Ausnahme macht da das Hutzelbrot. Schließlich hat kein Geringerer als Eduard Mörike das Märchen vom Stuttgarter Hutzelmännlein aufgeschrieben, und das beginnt mit den Versen:

> Ein Kobold gut bin ich bekannt
> In dieser Stadt und weit im Land;
> Meines Handwerks ein Schuster war
> Gewiss vor siebenhundert Jahr.
> Das Hutzelbrot ich hab erdacht,
> Auch viel seltsame Streich gemacht.

Das Hutzelmännlein mit den hellen, freundlichen Augen soll kurz und stumpig gewesen sein, es reichte den Menschen nicht einmal bis zum Gürtel. Und es hatte obendrein für brave

Bürgerskinder ein ganz besonderes Laiblein Hutzelbrot. Soviel man auch davon her-
unterschnitt, es wuchs doch immer wieder nach, wenn nur ein Fingerbreit davon übrig
blieb. Wer die gedörrten Birnen sieht, die Hutzeln in ihrem satten Braun, schrumplig
und glänzend, der wird verstehen, warum gerade das Hutzelbrot so eine große Rolle im
Volksglauben spielt. Das Brot war ja nicht nur Symbol für den Ackersegen, die Ernte
von den Streuobstwiesen wurde ebenso hineingebacken. Darum gingen die Bäuerinnen
mitten unter dem Teigkneten hinaus in den Garten, umarmten die Obstbäume zum
Dank und streichelten mit ihren teigverklebten Händen über die Rinde.

Hutzelbrot backen, das fiel immer auf den
Thomastag, den 21. Dezember, denn das ist der
Tag, dem die längste Winternacht vorangeht.
Und angeschnitten wurde das Hutzelbrot nicht
vor dem Stephanstag, dem 26. Dezember. Wers vorher tat, bekam Eselsohren.

Zutaten:

150 g Hutzelschnitze
(getrocknete Birnen)

150 g gedörrte Zwetschgen

**100 g gedörrte
Feigen**

100 g Rosinen

50 g Haselnüsse

60 g Mandeln,
geschält und halbiert

je 1 Tl Zimt
und Anissamen

1 Messerspitze Nelkenpulver

je 20 g Zitronat und Orangeat,
fein geschnitten

abgeriebene Schale von ½ Zitrone

60 ml Kirschgeist

250 g Roggensauerteig (Backmischung)

Stuttgarter Hutzelbrot

ELEKTROHERD: 200 °C
GASHERD: STUFE 3

ANLEITUNG: Hutzelschnitze und Zwetschgen über Nacht in Wasser einweichen. Zwetschgen entkernen, mit den Hutzeln und den Feigen in kleine Stücke schneiden. Mit allen anderen Zutaten, außer dem Brotteig, sorgfältig mischen. Zugedeckt über Nacht ruhen lassen. Am anderen Morgen den Roggenteig einkneten. Zwei Laibe formen, auf ein gefettetes Backblech setzen und an einem warmen Ort 1 bis 2 Stunden gehen lassen. Sind die Laibe gut gegangen, mit Wasser bestreichen und im vorgeheizten Ofen etwa 60 Minuten backen.

Bildnachweis

...eihnachtszelten Bremer Kla...

...chen Italienischer Panettone...

...torte Provenzalisches Mandel...

...ter Hutzelbrot Allgäuer Apfe...

...er Klaben Dresdner Christstol...

...ettone Liegnitzer Bomben M...

...Mandelbrot Schlesischer Mo...

...er Apfelstrudel Bozener Weihn...

...ststollen Föhrer Pöberkuchen...

...n Markgräfler Walnusstorte...

...Mohnstriezel Stuttgarter H...

...eihnachtszelten Bremer Kla...